Serge ULESKI

Cinéma ! De film en film, de salle en salle…

Copyright Serge ULESKI.

Du même auteur

Chez Amazon

- La consolation
- De la politique, des médias et autres considérations
- Confessions d'un ventriloque
- Des apôtres, des anges et des démons
- Cinq ans, cinq nuits
- Les brèves de Serge ULESKI
- Paroles d'hommes
- Ad hominem
- Pièce à conviction
- Dieudonné, chronique d'une résistance inespérée
- Serge ULESKI littérature - morceaux choisis
- Je me souviens
- Transit (théâtre)
- La France et le fascisme
- De l'art, de la littérature et autres considérations

Blog de l'auteur http://penseraupluriel.blogs.nouvelobs.com

Cinéma ! De film en film, de salle en salle…

Cinéma qui ne cessera jamais de hanter nos
mémoires... sons, images, voix, musiques, lieux,
acteurs, réalisateurs, auteurs, scénaristes,
compositeurs, décorateurs, monteurs (le plus
souvent *monteuses*), chefs opérateurs...

Cinéma d'hier, de demain, encore à naître...

Et puis, l'autre Cinéma… cinéma mort-né
déjà perdu pour tout le monde : films dont les
scénarios dorment à jamais au fond des tiroirs ou
dans l'imaginaire de ces mêmes auteurs, cinéastes
et producteurs.

Le Cinéma nous offrira toujours plus que ce
qu'il nous donne à voir, à entendre et à
comprendre. Art métaphysique par excellence,
quand il y a « cinéma », il y a… transcendance,
toujours !
A la fois indéfinissable et irrésistible, avec le

Cinéma, ce à quoi nous sommes confrontés est
bien plus grand que nous… spectateurs, bien plus
grand, et bien plus haut aussi : transcendance donc,
et puis… immanence, car cette imposante
confrontation avec *tous les réels* qu'est le cinéma,
nous est bien destinée ; et c'est ensemble que nous
cheminons.

Aussi… à chacun son cinéma !

Et c'est alors qu'on pensera à un
FILM UNIQUE qui réunira tous les films... pour
que jamais on n'en soit séparés et qu'on ne les
oublie...

Jean Cocteau, fragile et irremplaçable,
après de longues années rares et précieuses, livrera
son **Testament**, empruntant **Orphée** à sa
mythologie et sa légende.

Un Cocteau à l'origine d'une œuvre qui
touche au fantastique et au merveilleux : l'invisible,
et puis l'homme dans un environnement idyllique.
On chavire très vite pour ce concerto pour violon
de Bach, et pour cet homme superbe à 70 ans,
marchant le long d'une route où l'on croise sans

surprise des centaures, quelque part dans les Baux de Provence pour un film à la craie sur un tableau en noir et blanc.

Comment oublier le regard de Marie surnommée **Casque d'Or**, yeux écarquillés à la vue de son amant le jour de son exécution à l'aube ; elle aura veillé toute la nuit ; effarée, sa tête tombera avec celle de Serge Reggiani : lui, sous la guillotine, elle, écrasée sous le poids d'un désespoir incommensurable, fidèle jusque dans la folie de ce spectacle morbide. De la vie, elle n'en sera désormais que le fantôme.

Dans **L'Aurore** de **Murnau,** un petit bout de femme en pleurs, Janet Gaynor , n'aura qu'un désir : se faire oublier, ne plus exister pour personne, tapie au fond d'une embarcation précaire, après la tentative d'assassinat par noyade de son mari.

Cette aurore nous mènera très vite, sur une musique de Moravioff digne du plus beau des cauchemars, à **Nosferatu,** nouvelle figure maintenant immortelle du cinéma, qui boira jusqu'au chant du coq sa propre mort sans toutefois épargner sa dernière proie et victime sacrificielle.

Avec **Fritz Lang**, tout juste rescapé de la cité **Metropolis** engloutie par les flots, c'est Peter Lorre alias **M le maudit,** parti à la rencontre du rôle de sa vie, qui confessera dans une langue allemande déjà terrifiante – nous sommes au début des années 30, la malédiction qui l'habite et qui fait de lui un tueur en série infanticide, brandissant des mains coupables, suppliant à genoux ses juges et bourreaux de l'épargner, dans la poussière d'un sous-sol investi par la pègre… anti-chambre du nazisme.

Peter Brook aidé de Marguerite Duras délaissera un temps le théâtre pour nous offrir et nous servir sur un plateau en argent massif, **Moderato cantabile**, avec un Jean-Paul Belmondo rare et placide, un peu à la manière d'un feu sous la cendre, et une Jeanne Moreau pour souffler sur les braises.

Automne, hiver - saisons de tout ce qui meurt -, arbres rachitiques sur fond d'estuaire, celui de la Gironde, tout à l'image de la vie que l'on y mène, le cri final de Jeanne Moreau pareil à celui d'un condamné à mort à la lecture de sa sentence, restera à jamais le cri d'une bête mortellement touchée, au moment où son maître lui re-passe son collier autour du cou, et alors qu'elle avait bien cru pouvoir s'en défaire.

Nicolas Roeg avec son injonction **Don't look now** qu'on aurait assurément tort de prendre à la lettre - car, il nous faudra bien finir par le regarder ce film -, nous livre avec le concours de Daphné du Maurier, le film parfait ; film sur lequel on pourra sans fin se retourner même si, dans sa traduction française, le titre nous le déconseille fortement : *"Ne vous retournez pas !"*

Mais... voyez ! C'est déjà le couple dans Venise et Venise qui habite ce couple indissociable et inséparable mais... perdu l'un pour l'autre ; tout comme cette ville livrée à la pollution et à la décrépitude, déjà condamnée.

Déjà coupable et jugé comme tel, **Anthony Perkins** sera les larmes de Kafka, les violons d'Albinoni, et l'orgue... sa voix quand elle murmure. Il lui arrivera encore de sourire... mais d'un sourire d'une ironie et d'une lassitude infinies dans **Le Procès** réalisé par **Orson Welles** ; et si le couteau a cédé sa place à quelques bâtons de dynamite en guise de bombe, - mais pas n'importe laquelle : celle d'Hiroshima -, personne ne s'en plaindra, pas même Joseph K dont le dernier éclat de rire nous conduira sans transition à **don Quichotte et à Sancho Panza** aux images d'une qualité frustrante ; en effet, les bobines du film, éparpillées aux quatre coins de l'Europe, ont été conservées dans de conditions déplorables.

Imaginez-vous cela ! De ce don Quichotte, aucun des protagonistes ne verront la version montée, et le premier d'entre eux, son créateur, Orson Welles, puisque le film ne sera présentée au public qu'après leur disparition à tous, bien des années plus tard.

C'est maintenant **Michel Simon** qui s'apprête à servir respectivement **Jean Renoir** et **Jean Vigo** dans **La chienne**, **Boudu sauvé des eaux** et **L'Atalante**.

Etrange ce corps qui ne se voit pas lui-même, comme invisible à lui-même. Sans grâce ni disgrâce, il n'est pas au monde ; il est ailleurs ce corps de Michel Simon tantôt trop lourd, tantôt trop grand, décidément encombrant, tout comme ce visage sans âge, hors du commun, aux contours et aux traits indéfinissables.

Née pour jouer, **Annie Girardot**, belle de jour comme de nuit, sèmera le chaos dans la famille de Rocco et de ses frères alors que **Visconti** n'a d'yeux que pour un Alain Delon langoureusement étendu sur un lit, torse nu ; plan furtif qui en dira long sur le regard qu'un réalisateur est capable de porter sur un de ses acteurs, par le truchement de sa caméra, voyeur et envieux.

Quelques années plus tôt, c'est **Vicente Minnelli** qui viendra nous subjuguer avec **The Band Wagon,** convoquant un autre Fred Astaire, toujours aérien certes mais... sans Ginger Rogers, car, le temps a passé et nous sommes en 1953.

Métamorphosé Fred Astaire dans une chorégraphie pour voyous et *femme fatale* ! Pas n'importe laquelle : Cyd Charisse, les plus belles jambes et le plus beau galbe de sa génération.

Est-ce l'influence du danseur et chorégraphe **Gene Kelly** dont la voix n'aura rien à envier à personne, même **sous la pluie**, dans les mélodies de l'auteur Arthur Freed et du compositeur Nacio Herb ?

Écoutez encore ! C'est Gene Kelly qui entonne un *"You were meant for me"* destiné à une Debbie Reynold subjuguée et qui n'a que 17 ans.

Avec **Blow-up, Antonioni** et son personnage de photographe professionnel David Hennings alias Thomas, mettront à mal notre capacité à ne jamais douter d'une réalité, même et surtout, irréfutable, agrandissement après agrandissement d'un horizon aux confins du probable et de l'improbable, jusque dans les dernières secondes lorsque le regard de David Hennings disparaît là sous nos yeux, définitivement absorbé par une révélation qui s'avérera salvatrice...

Et alors que se joue à proximité, sans raquettes ni balle, une partie de tennis mimée par deux joyeux drilles entourés de gais lurons ; partie de tennis qui sauvera notre photographe des angoisses de ne plus pouvoir partager avec quiconque la vue - d'aucuns parleront de "vision" -, d'un corps sans vie découvert étendu au pied d'un buisson, assassiné par balle et dont il ne reste plus aucune trace au petit matin.

L'impossibilité de partager cette découverte et le risque d'un enfermement dans une incommunicabilité psychiquement dommageable, cette partie de tennis et la participation active de

David Hennings les annuleront d'un coup d'un seul, puisque notre photographe prendra une décision qui le sauvera : il retournera aux deux mimes qui la lui réclament, une balle invisible sortie du cours ; décision qui lui fera prendre conscience de l'existence d'une possibilité jusque là insoupçonnée : *ce qui est* peut très bien ne pas avoir été et *vice versa.*

En effet, cette partie de tennis fantôme auquelle il a prêté son concours comme par inadvertance, lui offre maintenant la possibilité choisir une autre réalité qui n'aura besoin de l'assentiment de personne : non ! ce corps sans vie étendu dans un parc au pied d'un buisson n'a jamais été ! (*d'autant plus que cette découverte est sans témoin et qu'il n'en reste aucune preuve matérielle*)...

Oui ! cette partie de tennis sans balle ni raquettes a bien lieu ici et maintenant... (*nombreux sont ceux qui peuvent en témoigner*)...

Antonioni prenant là quelques risques avec *la raison*
en nous suggérant que toutes les réalités se valent
pour peu que l'on y souscrive et que l'on ne soit
pas le seul... car le nombre sanctifie, et *a fortiori*,
le ralliement au plus grand nombre... nous apaise.

Cinéma, cinéma, de salle en salle, de film en film…

Et encore plus de cinéma avec **Ernst
Lubitsch** né à Berlin en 1892 et **Billy Wilder**, né
en Pologne en 1906…

Un Ernst Lubitsch européen jusqu'au bout des
ongles, aux influences hongroises, allemandes et
anglaises ; et un Billy Wilder satirique et corrosif
avec "Front page" : portrait sans concessions des
journalistes de la presse et de caniveau, et de la
presse... *tout court…*

Tous deux indécrottables humanistes, moralistes
sans prêchi-prêcha, éternels optimistes, en
cinéastes des sans-grades, des humbles et des
petits... porteurs d'une promesse pour ici et
maintenant : *les derniers seront les premiers* ! Il suffit
pour cela de patienter non pas une éternité mais
une heure trente : le temps d'un film.

Deux maîtres incontestables de la Comédie... aux scénarii et dialogues d'une écriture d'une exemplarité et d'une efficacité redoutables, jamais égalées.

Certes, le rajout de Woody Allen s'imposerait sans l'ombre d'un doute, et celui de Mel Brooks aussi (en particulier, pour son film "Les producteurs")... à ceci près : réalisateur-<u>acteur</u>... force est de constater que Woody Allen est trop souvent intéressé par Woody Allen seul ; préoccupation en opposition frontale avec la tradition humaniste, altruiste et non égoïstique de Lubitsch et de Wilder ; tradition avec laquelle Mel Brooks, réalisateur-<u>acteur</u>, sera le premier à rompre.

Cinéma, cinéma, de salle en salle, de film en film...

Quand la belle refuse de participer au spectacle d'une féminité proche de la putasserie...

Avec le film **"Baise-moi"**, c'est **Virginie Despentes** qui porte son propre livre sur le *grand écran,* aidée de Coralie Trinh Thi. Son film plongera

nombre d'institutions dans l'embarras ; et pour
commencer, celles du cinéma et du ministère de la
Culture : faut-il interdire au grand public ce road-
movie dans lequel on "baise" et on tue de sang
froid, et pas toujours... sans discernement ?

Les autorités dites compétentes trancheront au
détriment de la réalisatrice dont le film ira
rejoindre les réseaux de distribution des films X, et
c'est bien dommage.

Le cinéma en avait pourtant vu d'autres... mais la
société, elle, n'aime pas qu'on lui tende ce qui
pourrait bien être un miroir.

Une pensée furtive pour **Jackie Brown**,
superbe silhouette au son et au rythme d'un "Street
life" chanté par Randy Crawford : c'est Pam Grier
qui se rend à un rendez-vous qui, bientôt, fera
d'elle une millionnaire, et de **Quentin Tarantino**,
un réalisateur subtile, intelligent et compassionnel.

C'est maintenant au tour de **Melville** et de
son personnage Jeff Costello sur une musique de
François de Roubaix d'accompagner la solitude et
le destin funeste d'un **Samouraï** *aussi seul qu'un tigre
dans la jungle* en la personne d'Alain Delon ; sans
doute le dernier grand rôle de cet acteur ; un Delon
dirigé au cordeau, tenu en laisse par un Melville au

sommet de son Art ; un Delon à son meilleur juste
avant qu'il ne soit définitivement perdu pour le
cinéma : en effet, sur les tournages, il a commencé
à froncer les sourcils avant de devenir producteur,
et là... mon dieu ...là...

Acteur masochiste par excellence, tabassé
chez Kazan, découpé en morceaux chez Coppola,
défiguré à coups de poing chez Arthur Penn...
pour finir au bout d'une corde chez les Révoltés du
Bounty...

Au regard fixe et hypnotique, physique d'un côté,
voix de l'autre - en effet, il n'a pas la voix de son
physique -, une voix nasillarde, sans charisme ni
éclat, disgracieuse que personne n'attendait, et
pourtant... avec **Marlon Brando**, le cinéma nous
livre là une légende de plus : beauté, gloire, argent,
tragédies, ruine ; une vie démesurée à l'échelle d'un
seul homme qui en épousera aussi, au crépuscule
de son existence, la démesure physique - obésité
doublée de misanthropie -, en ermite blessé par les
mauvais coups du sort qui n'épargnent personne,
ni les légendes ni leurs dieux, même et surtout,
ceux du grand écran.

Qu'à cela ne tienne…

Après Renoir et « La règle du jeu » en 1939, c'est **Claude Chabrol** qui nous rappellera dans « **La cérémonie** » en 1995 que jamais la bourgeoisie n'acceptera qu'on la mette en danger ; et un seul danger la guette : qu'on expose au grand jour la duplicité de son existence privée comme publique.

Pour protéger sa fille, sa moralité et l'unité de la famille Lelièvre - famille recomposée archétypale d'une bourgeoisie entrepreneuriale de province -, et châtier au passage celle qui osera s'attaquer à sa respectabilité, Lelièvre père sera sans pitié face à quiconque menace son confort moral : « *On est des gens bien ! On ne laissera personne nous salir !*»

Lelièvre père sacrifiera alors « *la bonne* » en la congédiant ; décision prise en cinq minutes montre en main ; et le destin de cette jeune "employée de maison" analphabète de surcroît, basculera pour toujours avec ce licenciement sans préavis : « *Si vous êtes analphabète* ce n'est sans doute pas entièrement *de votre faute… mais il faut que vous soyez* disparue *dans une semaine.* »

Claude Chabrol choisira délibérément de mettre en scène une famille Lelièvre décidément sympathique ; il lui opposera une « employée de maison » et une postière à la limite de la psychiatrie... jadis soupçonnées de parricide et d'infanticide… sans doute pour soulager la conscience de cette bourgeoisie, tout en l'exonérant de l'obligation de devoir interroger son propre mode de fonctionnement en tant que classe car, avec « La cérémonie », film élitiste, Claude Chabrol offrira aux esprits avisés seuls la possibilité de situer la monstruosité chez les Lelièvre (et non chez les deux jeunes femmes maintenant meurtrières) en tant que classe symbole d'une domination qui a pour socle : l'humiliation et la dépossession du plus grand nombre.

L'amour, l'éducation, l'argent, l'instruction, la culture confrontés au dénuement le plus complet ; deux mondes irréconciliables, et même avec la meilleure des volontés et les meilleures intentions du monde… chassez le naturel, il revient au galop !

Sans doute Chabrol n'a-t-il fait que se regarder à travers son cinéma, de film en film… un peu lourdingue et complaisant Chabrol ! comportement typique d'un bourgeois sorti du rang qui ne saura jamais vraiment ce que sont la liberté, la dissidence, la rupture, et moins encore une aspiration libertaire qui ne prenne pas appui sur un ordre bourgeois décadent.

Décidément, n'est pas Pasolini qui veut !

« La **Cérémonie** » qui restera néanmoins le film français le plus courageux de la décennie, sinon le seul, (avec « Lacombe Lucien » de Louis Malle, dans les années 70) après plus de vingt ans d'une production française trop souvent lâche, paresseuse et veule.

Dreyer, lui, dans les années 50, choisit de nous plonger dans le 17e siècle, un **Jour de colère** qui s'abattra sur une vieille femme, Anna Svierkier alias Marthe, victime d'une inquisition sans pardon, et vis à vis de laquelle, décidément, aucune clémence n'est possible rétrospectivement.

Supposée sorcière cette Marthe dénudée devant nous, sans pudeur, terrorisée, avant d'être torturée, suppliante de douleur, trouvant plus tard encore la force d'insulter son bourreau sur le bûcher, et de jeter un *"Je vous aurai"* à la face du prêtre qui l'a condamnée aux flammes, juste avant de l'y plonger hurlante et nous tous avec elle.

Il n'y eut pas de miracle ce jour-là, Johannes, autre personnage de Dreyer dans **Ordet** (La Parole du Christ) étant absent et introuvable puisqu'il était écrit que là où il se trouvait personne ne pouvait venir le chercher.

Bientôt, une Lola sûre d'elle-même regardera droit devant elle, son public et la caméra ; c'est **Marlène Dietrich** qui a 20 ans d'avance sur ses congénères : *"Ich bin von Kopf bis Fuß auf Liebe eingest...* comprenez… *"De la tête aux pieds, je suis faite pour aimer - et puis, c'est dans ma nature"*, entonne-t-elle sur la scène du cabaret

L'ange bleu sous l'aile protectrice de Josef von Sternberg.

Plus tard, bien plus tard, c'est le fait divers qui s'invitera à notre table ainsi qu'une voix aux accents belges qui nous annonce : **C'est arrivé près de chez vous** !

Confrontés à une telle débauche de liberté d'inventions, on n'en croit ni nos yeux ni nos oreilles. Alors oui ! Tout est permis ! Même si… à trop vouloir montrer et nous en remontrer, la surenchère nous gâche une partie de la fête.

Quoi qu'il en soit, une leçon pour tous les créateurs encartés de tous les ministères de toutes les cultures, cet O.C.N.I (objet cinématographique non identifié) d'un **Benoit Poelvoorde** tout jeune réalisateur-acteur-producteur dont on attend encore, une récidive aussi talentueuse que dérangeante.

Retour aux années 20… en 1929 plus précisément. **Buñuel** et **Dali** nous offriront *Un chien andalou* et la pointe aiguisée de leur talent encore juvénile, avant *L'Âge d'or,* à la lame tranchante, pour un cinéma surréaliste sans équivalent aujourd'hui encore.

A l'autre bout du monde… avec **Blind Shaft**, le réalisateur chinois **Li Yang** met en scène une Chine issue du passage d'un communisme dur à un capitalisme sauvage : individualisme forcené et a-moralité sont cultivés sans vergogne et contaminent les plus humbles et les plus fragiles, dans le contexte d'une mine de charbon illégale qui prospère grâce à la corruption des autorités locales. Un *puits* sans fond cette mine occupés par des migrants qui ont quitté leur village et leur famille qu'ils ont laissée derrière eux, loin, très loin, dans ce vaste territoire privé d'horizon, jusqu'à en

devenir aveugle ! Une mine "*tonneau des Danaïdes*"
pour y engloutir des êtres humains qui ne valent
que ce que la famille réclamera comme indemnité
en cas de décès (accidentel ou pas !), et ce que le
propriétaire sera disposé à verser comme
indemnités : situation donnant lieu à des
tractations indignes entre les intéressés ; une mort
est vite indemnisée et le poste vacant très vite
occupé.

Dans la dernière scène, un crématorium - le corps
d'un mineur y est incinéré -, et son conduit de
cheminée d'où une fumée épaisse et noire
s'échappe, sont placés sous le regard figé d'un
jeune mineur héros malgré lui d'un film sans
complaisance ; son regard à la fois absent et hébété
nous conduira sans équivoque à une prise de
conscience d'une réalité dévoreuse de toute
considération pour quelque vie humaine que ce
soit.

Cette dernière scène forcera la réflexion suivante :
jamais dans aucun pays (sinon dans l'Europe des
18è et 19è siècles) de telles conditions ont été
réunies pour un développement économique
auquel on sacrifiera tout car, en son nom, tout sera
permis : le capitalisme occidental l'avait rêvé - et en

rêve aujourd'hui encore ! Le capitalisme chinois, lui, l'a fait !

C'est au tour de Jean Eustache, saint et martyr... de nous convier à partager une longue prière émouvante... avec « La maman et la putain », ou quand "la nausée est un malaise noble."

"Tu as recommencé à vivre sans que l'angoisse t'étreigne. Tu crois que tu te relèves, alors que tu t'accoutumes lentement à la médiocrité. Après les crises, il faut tout oublier, tout effacer."

Un film pour un auteur à trois voix - Jean-Pierre Léaud, Françoise Lebrun et Bernadette Lafond ; un chœur qui bat et qui nous laissera sans voix.

Cinéma, cinéma, de salle en salle, de film en film...

Georges Simenon et **Claude Autant Lara** scelleront sur un thème du compositeur René Cloërec, le destin de Brigitte Bardot et de Jean Gabin dans la chambre d'un modeste hôtel parisien de la rue Monsieur le Prince.

Et si *en cas de malheur*, et juste avant qu'il ne frappe une dernière fois, on ne pourra compter que sur l'amour pour le temps qu'il lui sera donné de nous soutenir, de nous illuminer et de nous porter jusqu'aux nues avant l'abîme et la désolation, on pourra toujours se dire : « Décidément non ! Il ne pouvait pas en être autrement ! »… tout en ajoutant que Brigitte Bardot tient là son plus beau et son plus grand rôle, et de se féliciter qu'il ait été donné à Jean Gabin de l'y accompagner jusqu'à son terme et son dernier souffle de vie.

Mais alors, qui donc rendra au film ce plan volé par une censure imbécile et brutale, dans lequel Brigitte Bardot, nue sous sa robe, propose gracieusement son corps à un Jean Gabin subjugué ?

Le Buena Vista Socialo Club de **Wim Wenders** nous offrira l'opportunité d'écouter une grande musique servie par de grands interprètes ; il nous donnera aussi à voir et à comprendre une autre réalité car, si d'aucuns ne verront dans ce nouvel opus du réalisateur qu'un film musical, d'autres pourront sans trop de difficultés y constater le fiasco artistique et plus généralement

humain, du régime de Fidel Castro : une humanité
à qui l'on refuse la possibilité de s'ouvrir à l'infinité
de tous les possibles, sinon dans l'exil.

On n'oubliera pas de si tôt ce regard d'enfant
émerveillé des musiciens cubains à leur arrivée à
New York, dans les rues et face aux vitrines de
l'abondance et du superflu d'une société qui a
embrassé comme nulle part ailleurs un
consumérisme sans complexe, ni ce concert au
Carnegie Hall, public et musiciens… tous réunis
autour d'un pays en exil ; un pays à la fois présent
et absent qui ne fait qu'un avec sa musique.

La figure du **Docteur Folamour** nous
poursuivra longtemps, elle aussi, entre rêve et
cauchemar, réalité et fiction… en la personne de
Peter Sellers sorti tout droit de **Lolita,** et qui
excellera, jubilatoire, s'en donnant à cœur joie
comme jamais plus au cinéma, si l'on en croit les
confidences de l'acteur…

Et pour peu qu'il nous soit donné de tout
connaître et de tout comprendre un jour, jusqu'à la
ré-affirmation de l'*éternel retour* puisque tout ce qui
est… a déjà été, semble-t-il, c'est le compositeur
György Ligeti qui viendra épauler un **Kubrick**

toujours là où l'on ne l'attend pas, à l'ombre d'un monolithe mystérieux, pour une **Odyssée** qui marquera à jamais la seconde moitié du 20è siècle...

La honte de **Bergman** et **Le sacrifice** de **Tarkovski** se retrouvent sur la même île : celle de Farö. Bientôt l'orage, le tonnerre et la foudre déchirent le ciel en deux ; et au même moment, un aigle suspend son vol comme on retient son souffle, avant *le septième sceau* et l'apocalypse qu'une peste endémique annonce sans détour.

Mais très vite, les beaux jours sont de retour, le beau et bon temps aussi avec **Raoul Ruiz** qui invite **Proust** au grand banquet de l'histoire du cinéma ; et ceux qui ont toujours refusé de le lire en seront pour leurs frais.

Un tour de force cette écriture plus que jamais... cinématographique ! Comment ne pas saluer la chef monteuse de ce film labyrinthique : Denise de Casabianca ! Et si le cinéma est condamné au meilleur, n'est-ce pas aussi parce que des cinéastes sur-doués sont capables, sans gêne ni honte et sans complexe, de s'appuyer sur des géants picturaux, musicaux et littéraires ?

Un prophète de **Jacques Audiard** aura l'immense mérite - et c'est sans doute là qu'il faudra chercher la justification du titre du film -, de nous révéler un acteur : Tahar Rahim… entre Al Pacino et de Niro, au même âge… un Tahar Rahim qui ne peut que progresser et s'épanouir à condition de trouver au plus vite son Coppola pour peu que le cinéma français en soit encore capable. Et là, rien n'est moins sûr, hélas !

Avec **Marco Ferreri** et sa **Grande bouffe** la question ne se posera pas, il est vrai qu'il s'agit de l'Italie… et le succès commercial du film sauvera très certainement la carrière des acteurs dont d'aucuns avaient pu souhaiter le bannissement à vie de toute activité cinématographique.

Impossible de se rassasier puisqu'on y revient toujours comme pour y chercher et y retrouver la recette magique d'une mayonnaise qui ne cesse jamais de monter et qui, à chaque fois, s'élève toujours plus haut, ferme, épaisse, torsadée et fière sur son œuf dur et sa feuille de salade au bar de la brasserie du coin.

Du plus bel effet cette mayonnaise sur cet œuf ! Vraiment !

Mais… le croirez-vous ?! **Herzog** a 27 ans lorsqu'il met en scène un Klaus Kinski fou à lier dans **Aguirre**, en conquistador d'opérette.

Paysage gigantesque, l'expédition s'étire telle une longue agonie… aussi longue et lente que le fleuve qui l'accompagne ; voyage sans fin pour un Eldorado de petits singes chahuteurs et téméraires… seuls témoins et bientôt, seuls survivants de cette expédition maintenant sans objet ni destination.

Venu prêter main forte à **Henri-Georges Clouzot, Francis Lopez** nous offre en 1947 une des plus belles, des plus fortes et des plus intelligentes bandes musicales pour un **Quai des orfèvres** sous le patronage débonnaire de Louis

Jouvet, avant un **Salaire de la peur** qui ne devra rien à aucun autre film par son intensité et sa maîtrise.

Peu de temps après, Clouzot, toujours lui, mettra en scène une **Brigitte Bardot** éprise de vérité, bien décidée à la faire entendre, et dont le rôle révèlera chez cette *actrice malgré elle*, une détermination et une passion capables d'une violence physique et verbale insoupçonnables ; violence que l'on retrouvera bien des années plus tard... lorsqu'elle aura quitté le cinéma.

John Cassavetes, lui, dans **« Une femme sous influence »** nous donnera à entendre la requête de Gena Rowlands adressée à son père comme un appel au secours, alors que la famille est réunie autour de la table de la salle à manger : *"Father ! Can you stand up for me !"*

Et son père de se lever... avant de se rasseoir réalisant son erreur puisque sa fille attendait de lui non pas qu'il se lève mais qu'il la soutienne moralement.

Incidemment, dans les dernières secondes du film, le rideau et la porte tirés sur Gena Rowlands et sa petite famille nous rappellera, à toutes fins utiles, que c'est le cinéma indépendant américain qui a fait et vu naître Peter Falk.

Retour en France avec **Les enfants du paradis**, dédié au théâtre, aux artistes et aux spectateurs les plus modestes - ceux qui vont se percher là-haut, tout là-haut… au paradis, justement, là où les places sont les moins chères ! -, **Prévert** plus ambitieux que jamais, nous offre le meilleur de son écriture et **Carné**, le meilleur de ses films.

L'**Allemagne** maintenant… **Année zéro !** avec **Rossellini** qui met en scène un enfant de la guerre et un pays, une ville, un quartier en ruines ; environnement qui fera naître chez cet être à l'enfance impossible, le sentiment d'une énorme catastrophe chez les adultes.

Privé d'espérance, sans point d'encrage, sans perspective d'avenir puisque le présent n'est que la gigantesque plaie de la blessure d'un passé encore proche, livré à un âge qui, très vite, désespère de tout lorsqu'il est abandonné à lui même jusqu'à ne plus pouvoir trouver autour de lui une seule raison

et une seule envie de continuer de vivre, cet enfant
choisira de rejoindre délibérément le vide dans un
saut à la chute mortelle.

Est-ce les enfants des vaincus qui rejoignent là...
ceux des victimes au prise avec une catastrophe
tout aussi immense, au lègue trop grand et trop
lourd pour eux ?

Rossellini s'est effacé ; il nous laisse sans secours.

Nasser Rafaie dans **l'Examen** nous
donnera des nouvelles de la société iranienne des
années 90, et d'une pierre deux coups, parviendra à
contrer l'image d'un Iran fanatique, uniforme, et
pour un peu, privé d'humanité : c'est une partie de
la société iranienne qui nous est présentée à travers
cette foule composée uniquement de femmes de
tous âges et de toutes conditions, réunies deux
heures durant dans la cour d'une école de Téhéran
dans l'attente d'être autorisées à passer leur
examen d'entrée à l'université ; et pas toujours avec
l'autorisation de leur famille : notamment celle des
hommes : pères, frères et maris.

Voilà que **Charles Laughton,** débarqué du Bounty et descendu des tourelles de Notre Dame… quitte un instant son métier d'acteur pour endosser la responsabilité de la réalisation d'un conte pour adultes en noir et blanc, de la couleur de ses personnages pour bien faire.

Et longtemps, on gardera en mémoire ce *chasseur noctambule*, **Robert Mitchum** alias Harry Powell, faux pasteur, assassin sans foi ni loi… infanticide de surcroît !

On regrettera toutefois que Laughton ait choisi d'abandonner ce personnage hors du commun en cours de chemin, effrayé par sa propre création, sa caméra prenant alors ses distances avec ce qu'elle a enfanté et refuse maintenant d'assumer pleinement, sans doute dans l'espoir de rallier autour de ce conte macabre un large public. Calcul vain puisque à sa sortie, le film n'aura pas le succès escompté.

On n'oubliera pas de si tôt un Mitchum diabolique battant la campagne à l'aube, juché sur un cheval blanc, entonnant le cantique de cantiques, celui qui annonce une nouvelle victime : « *Leaning, safe and secure from all alarms* » ; un homme et son cheval filmés sur une ligne d'horizon à partir du point de vue d'un enfant réfugié dans une grange dans laquelle lui et sa sœur cadette ont passé la nuit, tous deux pourchassés par ce même Mitchum : ce plan d'une perspective éblouissante, restera un moment de cinéma tant visuel que sonore inoubliable.

      Le cheval de Turin du réalisateur **Béla Tarr** - ou le refus envers et contre tous d'un cinéma de la facilité -, viendra bousculer lui aussi nos habitudes et nos certitudes.

      Pour la petite histoire, face au grand artiste qu'est Béla Tarr, *Le cheval de Turin* a pour origine un incident qui bouleversera la vie d'un certain Friedrich Nietzsche : le 3 janvier 1889, alors qu'il effectuait un trajet en calèche, le cheval a cessé d'avancer. Incapable de le remettre en marche, le cocher a battu la bête, ce qui suscita chez le philosophe un élan de compassion. Nietzsche se pendit au cou de l'animal et passa ensuite les dix dernières années de sa vie dans un état de démence et prostré.

De là à penser que Béla Tarr, présent ce jour-là, n'ait trouvé rien de mieux que de rentrer, caméra sur l'épaule, avec ce cheval et son cocher jusqu'à

cette ferme isolée, un arbre mort battu par une
tempête du diable, un père taiseux et sa fille, une
charrette et ce même cheval qu'on attellera puis
détellera, une fois, dix fois... avant de renoncer...

Grande est la tentation.

"*Dieu a créé le monde en 7 jours*" il est écrit ;
Béla Tarr Lui reprendra tout en 6 jours, laissant le
7è aux spectateurs qui en feront ce qu'ils veulent
(pour peu qu'il soit question qu'ils en fassent quoi
que ce soit), Béla Tarr n'ayant pas souhaité les
guider à ce sujet.

	Film frugal tout comme le repas qu'un père
et sa fille partageront jour après jour durant six
jours - des pommes de terre cuites à l'eau -, tandis
que dans la grange, plus qu'une bête, un cheval
refusera bientôt toute nourriture ; et à propos de
cet animal, on sera tenté de se dire que si ce cheval
avait eu le don de la parole, nul doute, c'est sans un
mot qu'il aurait mené sa vie…

Cinéaste au rythme cardiaque très lent, cinéma en
apnée car, si d'aucuns savent retenir leur souffle,
d'autres savent retenir le temps comme personne,
tout comme cette musique lancinante et récurrente

(organum et cordes en do mineur, bien dans le grave), une véritable bombe à retardement destinée à porter et à accompagner 30 plans-séquences de cinq minutes chacun, plans que d'aucuns qualifieront de contemplatifs, d'autres, moins compréhensifs ou pusillanimes, d'interminables...

Ces plans trouvent pourtant leur raison d'être, leur force, leur efficacité, leur caractère aussi rare que précieux (comme chacun sait, le cinéma ce n'est pas ce qui nous est montré mais ce qui nous est révélé à nous-mêmes !) dans le fait que, tous, sans exception, forcent le spectateur à quitter l'image et l'écran pour rentrer dans lui-même et y poursuivre deux heures et demie durant, même et surtout somnolent, sa propre œuvre que devient alors sa vie pour le temps qu'il lui est donné d'être le spectateur de Béla Tarr.

Pour cette raison, *Le cheval de Turin* se rêve autant qu'il se voit. Aussi, on peut affirmer qu'avec le cinéma de Béla Tarr c'est autant le spectateur qui fait le film que le réalisateur. Et nous devrions tous demander à partager avec lui l'Ours d'argent que le film a reçu à l'occasion du dernier festival de Berlin.

Artiste d'une radicalité qui n'a besoin ni de discours ni de justification, fascinés nous sommes

face à la volonté de fer de ce réalisateur pour lequel
aucun compromis n'est une option ! Et si au
cinéma, le *noir-et-blanc* reste bien le choix de ceux
qui ont encore quelque chose à dire, la couleur,
celle de l'industrie cinématographique, avilissant
tout ce qu'elle touche et recouvre... *Le cheval de
Turin* restera un gigantesque bras d'honneur
adressé à cette modernité cinématographique
imbécile et veule, film après film - un film chassant
l'autre -, d'un Béla Tarr ennemi public numéro un
de tous ceux qui ont la faiblesse, la bêtise ou la
naïveté de penser que le cinéma n'est qu'un
divertissement destiné à nous faire vivre par
procuration des vies au suspense insoutenable,
dans la fureur, le bruit, le sang, les larmes et la
sueur de coïts sans nombre...

Après le passage d'un groupe de tziganes
que personne n'a invité, chassé à la hache, l'eau du
puits s'est tarie, la tempête s'est tue, le soleil a
fondu et l'aube ne s'est plus levée... une lampe à
pétrole, au réservoir pourtant plein, refusant
définitivement d'éclairer la demeure d'un père et de
sa fille - une seule pièce commune pour tout lieu
de vie -, et bientôt et par voie de conséquence, le
grand écran car, qu'est-ce que le cinéma sinon de la
lumière. Or, plus de lumière, plus de cinéma !

Béla Tarr écrase tout sauf le spectateur, et longtemps on pourra se demander avec lui qui n'en a aucune idée aujourd'hui encore, et même après plus de dix films, quelle peut bien être l'origine, quelle scène primitive au traumatisme fondateur, d'un tel parti pris artistique, d'un tel refus proche d'un Bartleby, obstiné et têtu, d'une telle démarche hors du commun des pauvres mortels que nous sommes, et le réalisateur avec nous.

Même si une réponse semble s'imposer : à l'origine de cette radicalité sans doute trouvera-t-on le refus (*encore le refus !*) d'un monde dans lequel il n'est plus possible de vivre sans tuer l'autre ou dans le meilleur des cas, sans pourrir irrémédiablement la vie de son voisin avant de ruiner sa vie propre dans une lutte acharnée qui n'est déjà plus une vie mais un commencement de mort lente et sinistre.

Et si l'on tend l'oreille, on pourra très certainement entendre de la voix de Béla Tarr un : « *Ce sera sans moi !* ». Et comme un fait exprès, coïncidence ou pas, *Le cheval de Turin* est l'ultime film d'un cinéaste qui abandonne devinez quoi ? …. le cinéma.

Autre objet cinématographique par excellence… avec **Apocalypse Now Redux,**

Coppola revisite Joseph Conrad et nous plonge au cœur des ténèbres de la guerre du Viêt Nam : les États-Unis n'auront donc pas tout perdu et nous cinéphiles non plus puisque cette guerre accouchera sans aucun doute d'un des films les plus importants de la seconde moitié du 20ᵉ siècle, bien après que **Charlot**, *The tramp*, première star mondiale du cinéma, nous emmène en voyage pour un tour du monde de toutes les conditions humaines : la faim, la soif, l'injustice, la guerre, l'amour... le tout sans piper mot... car Chaplin n'a qu'un message à nous communiquer : « *Be brave ! Face life ! And keep smiling no matter what !* »

Alors qu'à la même époque, *celui qui ne rit jamais* déplacera l'angle de prise de vue de sa caméra pas très loin de Chaplin, vers un burlesque aux gags d'une précision et d'une originalité sans faille ; un **Keaton** d'une efficacité à nulle autre pareille dans la mise en images d'un monde qui, décidément, se laisse difficilement apprivoiser et conduire là où l'on souhaite le mener.

1732 Hotten de **Karin Julsrud**, servie par Reidar Sorensen - anti-héros parfait venu tout droit d'Oslo -, nous livre les secrets d'une petite bourgade du Nord de la Norvège ; refermée sur elle-même, ce sont le viol, les assassinats, la vengeance et le sadisme qui souderont une communauté au barbarisme et à la perversité hautement civilisés, ainsi que le meurtre qui contaminera les plus vertueux et les plus jeunes, sans rédemption, au rythme d'une bande son aussi originale et déconcertante que son scénario servi par une réalisation d'une inventivité rare et donc... précieuse.

Avec **Roma, Federico Fellini** livre la ville éternelle et *ses dessous* à une foreuse-balayeuse gigantesque de plusieurs mètres de diamètres, aux mandibules infernales, pour percer les entrailles de cette cité éternellement chaotique : travaux du métro, en cours d'achèvement.

Burlesque et parodique, entre mémoire et fantasme, c'est un défilé de mode papale qui clôturera ce nouvel opus ; défilé aux figures tantôt grotesques tantôt effrayantes : visages émaciés, visages de cire, sans chair, corps squelettiques et malades, figures fantomatiques de morts vivants… L'arrivée d'un groupe de motards mettra fin à ce défilé, dans le bruit infernal de leurs machines, pour une dernière ronde de nuit et une dernière

visite avant de nous inviter à quitter Rome et à
rejoindre ses faubourgs et plus loin encore, sa
banlieue.

Éblouis par la lumière de leurs phares, Fellini nous
laisse sans yeux et sans voix pour espérer en rêver
davantage... puisque tout ça n'était qu'un rêve,
n'est-ce pas ? Et dire qu'une fois de plus, nous
nous y sommes laissés conduire sans penser un
instant qu'on nous y menait !

8 1/2 nous y replongera.

Olivier Marchal, Audiard fils,
Manuel Boursinhac, Schoendoerffer fils, Emilio-
Siri, Yann Brion, Bibi Naceri… « La mentale »,
« Scène de crime », « Gangsters », « Truands »…
avec ces réalisateurs, scénaristes et dialoguistes,
c'est bien toute l'industrie du cinéma américain qui
n'a plus qu'un droit et qu'un devoir : arrêter tout,
se taire, regarder et apprendre !

Cinéma-témoignage, cinéma-documentaire,
cinéma-hommage aux acteurs - Caubère,
Duchaussoy, Béatrice Dalle, Arestrup - et pour
finir...Cinéma- majuscule avec de véritables idées

de mise en scène et une implication totale des
acteurs… nul doute, il s'est bel et bien passé
quelque chose d'important dans le cinéma français
de ces vingt dernières années !

C'est à nouveau le fait divers qui nourrira le
cinéma avec **l'Adversaire,** une fois que plus…
pour le meilleur.

En chacun de nous cet adversaire qui portera le
visage d'un Daniel Auteuil sous la conduite d'une
Nicole Garcia pas simplement inspirée mais très
certainement bouleversée par les révélations
terrifiantes de ce drame qui, si besoin était, nous
rappelle que la réalité dépassera toujours, et de
loin, toute fiction.

La réalisatrice nous livrera un film d'une
intelligence cinématographique rare : rythme,
image, son, échos et silence viendront servir plus
qu'un personnage, une nature, la nôtre, humaine,
orgueilleuse, lâche et abyssale car... insondable,
avec ou sans l'aide de toutes les médecines de l'âme
et leurs tentatives toujours aussi vaines d'expliquer
ou de prévoir quoi que ce soit nous concernant :
seule la caméra de la réalisatrice remplira cette
tâche ardue.

Film-miroir cette œuvre qui ira chercher et interroger auprès de chaque spectateur cette part d'ombre qui, en chacun de nous, menace la sécurité
de notre existence et celle de notre entourage. Car, aujourd'hui, qui peut encore douter que nous sommes aussi et surtout, caché dans les plis et replis de notre âme, notre pire adversaire et notre pire ennemi, mortel de surcroît ?

Fait divers à nouveau… incarné par un **Stefano Cassetti** au regard d'acier : Italie, France… c'est **Roberto Succo** que l'on ressuscite, là, sous nos yeux et sous la direction du réalisateur **Cédric Kahn.**

Nul doute que la prestation de cet acteur non professionnel aura de quoi inquiéter les carrières de ceux dont le cinéma est le métier et que des producteurs paient rubis sur ongle.

Aussi… à bon entendeur…

C'est au tour de **Buffalo'66**, ou « *Where and when fools rush in* », film écrit et réalisé par Vincent Gallo… de briller avant de nous émouvoir.

Billy Brown à sa sortie de prison, après cinq ans,
décide d'aller rendre visite à ses parents, sa maison
natale : parents auxquels il n'a pas souhaité avouer
la raison de cette absence de cinq années,
choisissant alors de leur dire qu'il était simplement
parti se marier. Pour se faire, il kidnappe une jeune
femme en chemin, Layla, et l'oblige à se faire
passer pour sa femme devant ses parents.

Vincent Gallo nous livrera là le meilleur du cinéma
indépendant américain : sensibilité, charme,
extravagance, puissance et profondeur.

C'est au son de toutes les musiques du
monde que **Pasolini** et son **Evangile** viendront
bluffer un Vatican sur le cul qui décernera son prix
de l'Office catholique du cinéma à cet Evangile
placé sous le patronage de saint Matthieu. Pasolini
mettra en scène la Parole d'un Christ dont la voix
occupera tout l'espace... tout le spectre sonore !

Les moins avisés ainsi que ceux qui verront
dans cette Parole tout ce que leur fortune et leur
puissance ont à redouter, évoqueront une violence
inouïe et une pathologie tant dans son énonciation
que dans son débit ; une intolérance aussi... qui

expliquera sans doute les mille bûchers de l'inquisition.

Ceux qui ont tout à perdre face à la compassion et face à la justice évoqueront le caractère intrinsèquement inquisitorial et dictatorial ; une Parole fanatique.

Qu'à cela ne tienne... ne boudons pas notre plaisir... tout en sachant que la langue italienne y contribuera largement car la colère lui sied à merveille !

La colère est nécessaire dit Aristote. Quelle victoire obtient-on sans elle, si elle ne remplit notre âme, si elle n'échauffe pas notre coeur !

C'est maintenant un réalisateur de 35 ans, **François Ozon**, qui redonnera au cinéma français de la profondeur et de l'épaisseur « **Sous le sable** » d'une étonnante maturité avec Charlotte Rampling et Bruno Cremer pour épauler ce drame intime : la perte de l'être aimé.

Pour un peu, *le muet* aurait pu tout à fait convenir à ce film tellement la mise en scène nous parle et nous guide jusqu'au for intérieur d'une poignée de personnages en quête d'espérance.

     Au cinéma, **Harvey Keitel** parti à la recherche d'une rédemption improbable dans des quartiers mal famés de New York, ne trouvera que deux balles de revolver tirées à bout portant au volant de son véhicule garé à Madison square Garden, en lieutenant de police seulement capable du pire, et dont on serait tentés de penser qu'il n'y a rien à sauver.

Et si **Tous les matins du monde** sont sans retour... une fois l'irréparable commis... Chez **Angelopoulos**, Keitel incarnant un réalisateur grec exilé aux Etats-Unis de passage dans sa ville natale à l'occasion de la projection d'un de ses films…

Ce Keitel-là marchera sur les traces d'**Ulysse**, puis dans les Balkans, sur les voies plus contemporaines de l'Empire ottoman, prolongeant son voyage jusqu'à Sarajevo, ville dévastée, encore en guerre. On pourra à nouveau l'entendre pousser son cri, non pas dans une église d'un quartier de Harlem, vociférant, hurlant une prière destinée à un Christ absent, mais à des milliers de kilomètres de là, au bord vraisemblablement du Danube ou de l'un de ses affluents, plongé dans un brouillard épais, un

brouillard propice à toutes les impunités et à tous
les crimes et barbaries ; on retrouvera un Keitel à
genoux, penché sur des corps fraîchement abattus.

Un râle, ce cri à la mâchoire serrée… râle et rage
de celui qui ne pourra sans doute jamais plus
exprimer par les mots quoi que ce soit nous
concernant, nous et notre humanité ; et pour ce
qu'il en reste : un monde à l'horreur indicible.

Et c'est alors que le « first gaze » saisi au tournant
du siècle dernier dans les Balkans par une caméra
mythique - celle des frères Manakis-, cédera la
place à un « dernier regard » porté sur une réalité
hideuse jusqu'à n'avoir plus qu'un seul désir : cécité
et surdité comme seul et dernier espoir de refuge
hors du monde, sinon... hors de la vie.

        C'est un autre regard qui attend le cinéma
maintenant…

        *« Il sera passé à côté d'elle sans la voir parce qu'elle
était de ces âmes qui ne font aucun signe mais qu'il faut
patiemment interroger, et sur lesquelles il faut savoir poser
un regard. Un peintre en aurait fait autrefois le sujet d'un*

Pomme (**Isabelle Huppert**), apprentie coiffeuse, est une jeune femme de 19 ans très réservée et silencieuse. Elle rencontre François, un jeune étudiant en lettres aussi timide qu'elle. Ils s'aiment, mais le fossé qui les sépare aura très vite raison de leur amour.

Rejet et échec... blessée, Pomme s'effacera sans bruit, silencieuse, et trouvera refuge entre les murs d'un hôpital... psychiatrique de surcroît... irrémédiablement meurtrie, semble-t-il.

Avec ce film, **Claude Goretta**, réalisateur de **La Dentellière** d'après le roman de Pascal Lainé, nous proposera un voyage initiatique d'une lucidité cruelle ; jeune homme et jeune femme pour lesquels la vie aura parcouru un bon bout de chemin en quelques mois seulement. Et si on apprend vite et dans la douleur aussi, il est bon de se rappeler que d'aucuns s'en relèvent mais que d'autres sombrent sans espoir.

Sous le charme indéfinissable de **Sofia Coppola** nous sommes maintenant ! Sofia et sa

Marie Antoinette. Et seule la génération de la réalisatrice, née en 1971, pouvait se permettre de s'affranchir de la contrainte des faits historiques.

Juvénile, à l'image des deux adolescents que sont encore les futurs Reine et Roi de France, c'est un cinéma total qui nous est offert là ; un cinéma d'une maturité artistique surprenante pour un couple livré à lui-même très tôt et très vite emporté par le torrent de l'Histoire d'une révolution impatiente.

Nul doute ! Un tour de force cette Marie Antoinette de Sofia Coppola, fille de son père. Une œuvre d'une inspiration et d'une imagination rares pour une Marie Antoinette et un Louis XVI à qui l'on pardonnera tout pour le temps qu'il nous sera donné de les accompagner au son d'une bande musicale plutôt rudimentaire… mais que des images viendront hisser (et non l'inverse – encore une des nombreuses originalités du film) au rang du meilleur de la musique.

Dans les années cinquante, **Robert Aldrich** nous proposera un *Kiss me Deadly* qu'il financera de ses deniers.

Il convoquera tour à tour Nat King Cole, Madi
Comfort pour un "*I'd rather have the blues than what
I've got*", Schubert et sa symphonie inachevée,
Brahms et son quartet à cordes en Do mineur, la
tête de la Méduse, Caruso, Pandore, une poétesse
Christina Rossetti, Cerbère, des toiles de maîtres
contemporains... autour d'un programme qui porte
le nom de "Manhattan Project Los Alamos, Trinity
- New Mexico Nuclear Test Site" et d'une mallette
dont le contenu réduira en cendres quiconque
tentera de l'ouvrir.

Même si l'holocauste nucléaire tant redouté
accouchera d'une souris - une explosion qui
provoquera la destruction d'une villa située en
bord de mer, sans doute dans le but de refroidir
des esprits chauffés à blanc depuis quatre-vingt dix
minutes -, on n'oubliera pas de si tôt ce film de
série B aux dialogues dignes d'un café littéraire, et
parfois même, d'un café philosophique.

*Cinéma, cinéma, de salle en salle, de film en
film…*

Rapprochons-nous de la Belgique un instant
et de **Lorna** des **frères Dardenne**, de son silence

capable de couvrir le brouhaha d'un monde
parfois, sinon souvent, complaisant et bavard.
Auprès d'eux, vous retrouverez Bresson et
Cassavetes qu'ils n'oublient jamais d'emporter sur
leurs tournages. Déjouant pratiquement tous les
pièges de leur Art - ceux de la production, ceux du
succès et ceux qu'un scénario peut cacher... avec
Lorna, les frères Dardenne nous ont rapporté des
Balkans une femme, une vraie, et comme
beaucoup d'autres, imparfaite, comme nous tous...

Et puis non ! Bien meilleure, tout compte fait !
puisque Lorna décidera de porter en elle, même
symboliquement, comme pour ne jamais plus s'en
séparer, toute l'humanité dont nous sommes
capables, et plus encore quand on a bien failli s'en
défaire en construisant un projet de vie qui devait
reposer sur la mort et l'assassinat d'un innocent, et
qui plus est, du dernier des hommes, le plus faible
d'entre eux : un toxicomane d'une trentaine
d'années qui croyait *en être* sorti et... *s'en être* sorti
grâce à la compassion et au soutien d'une femme
qui porte le nom de Lorna et qui, semble-t-il,
l'aura, finalement, trahi.

Décidément ! Toujours aussi inspirés ces
frères Dardenne ! Et si un jour ils devaient nous

décevoir et nous laisser tomber, qui donc nous relèvera ?

Le retour d'Andreï Zviaguintsev **?** Très certainement ! Car le premier long métrage de ce réalisateur nous donne là un des rares films dont le sujet est le film lui-même.

Dans le dernier plan, la caméra prendra de la hauteur et se retirera lentement, à reculons, comme chassée par le vent qui se lève - sable, dunes, pins maritimes, herbes hautes ; l'arrivée imminente d'un orage viendra effacer toutes les traces de ce drame poignant.

C'est au tour de **Marlène Jobert** de pointer le bout de son nez pour nous offrir ses éphélides, taches de rousseur désarmantes, dans un funeste **Passager de la pluie** taillé sur mesure pour elle... et alors que personne ne viendra la secourir à temps et qu'il lui faudra affronter seul le pire des outrages sous la direction d'un René Clément très inspiré, des années après un **Plein soleil** resplendissant, Delon déjà star, dans une mise en scène de tous les jeux dont les humains sont capables, mêmes les plus interdits non loin de la tragédie et de la désolation de la guerre.

Arrive alors **Tati** que personne n'attendait… **u**n Tati venu réconcilier Charlot avec Keaton.

Son cinéma n'aura de cesse de nous livrer les dernières images d'un monde qui bientôt ne sera plus qu'un souvenir, disant adieu à la fraternité, en visionnaire imperturbable, avant de nous présenter les premières ébauches d'une modernité dans laquelle tout rapport à l'autre nous sera dicté par un environnement auquel nous devrons tous nous soumettre, de gré ou de force, puisque la puissance de ce nouvel environnement nous y contraindra.

Néanmoins, dans une vision à jamais optimiste, voire utopiste, de l'humanité, Tati nous laissera un espoir : la possibilité pour tout un chacun, de transformer cet environnement avec l'aide d'un peu de volonté et d'imagination.

Pas si éloigné de Tati, Michel Piccoli, alias **Milou**, personnage de **Louis Malle** : chez lui, c'est *l'esprit de mai* qui triomphe, et qui par contagion, gagne toute sa famille, mais pour un temps seulement ; un temps bien trop court, chacun renonçant à cette part de rêve et d'utopie dont il est doté, comme nous tous, quand nous nous laissons aller à rêver un monde qui, enfin, ne nous ressemblerait… plus ? Le temps pour Milou de regagner la demeure familiale, celle de toute une vie passée aux côtés de sa mère maintenant défunte… vie en sursis car une décision funeste a été prise : vendre la maison.

Mais au fait : s'agit-il de vendre la propriété familiale ou bien, son âme ?

La symphonie du compositeur Henri Dutilleux ne sera pas en reste **Sous le soleil de Satan** et l'ombre de Bernanos étendue à **Maurice Pialat** non plus… jusqu'au cri de Mouchette qui trouvera sa résolution dans l'accord d'un orgue d'une petite église de campagne, le spectateur basculant en une fraction de seconde de l'humain au divin : un vrai miracle dont seul le cinéma est capable !

Y aura-t-il de la neige à Noël ? La question est posée **Sandrine Veysset** ; neige qui, en tombant, sauvera toute une famille dont le désespoir de la mère, en cette soirée de Noël, a bien failli décider du sort… funeste, de surcroît.

Honneur au prince du Danemark ! Non
pas à Hamlet mais à un **Lars Von Trier** pas si
dogmatique que ça dans *les Idiots,* juste avant la
déferlante *Breaking the waves...*

Toujours novateur et polémiste, avec **Dogville**,
dans un style inimitable le cinéaste le plus doué de
sa génération nous invite à descendre dans les bas-
fonds de l'espèce humaine...

Chagrin, pitié, haine, appel au meurtre nous y
attendent de pied ferme même si le spectateur,
tenté d'y souscrire, regrettera très vite de s'y être
laissé conduire une fois que le piège tendu s'est
refermé sur lui au moment du générique de fin
décliné sous la forme d'un diaporama : portraits
d'hommes, de femmes et d'enfants des années 30
(on ne peut s'empêcher de penser à *Bonnie and Clyde*
de Arthur Penn), démunis, privés de tout, aussi
pauvres qu'il est possible de l'être quand tout vous
y condamne.

On pourra alors n'avoir qu'un souhait : réunir un
environnement et des conditions de vie qui
permettent au meilleur de triompher du pire.

Et en attendant ce *Grand Soir...* **« Le trou »**

de **Jacques Becker** à la fois œuvre testamentaire -
le réalisateur nous faussant compagnie avant la fin
de la partie... emporté par la maladie -, et hymne à
la liberté nous enseignera, après Bresson, que le
devoir et le droit de tout prisonnier c'est de
s'évader, et celui des spectateurs de le soutenir,
hochant la tête à chaque coup de pioche comme
pour l'encourager.

Avec **Les disparus de Saint-
Agil** retrouvés sains et saufs, **Christian Jaque** ne
cessera d'offrir au cinéma dit *populaire* ses lettres de
noblesse ; lettres plus souvent en or qu'en argent...
et parfois même en platine, hissant ce *cinéma
populaire* au sommet de l'exigence de l'écriture, du
choix des acteurs et de leur direction…

Et alors que… **Dupontel** et son **Créateur**
n'auront rien à envier au meilleur de **Mel Brooks**
et à son "Springtime for Hitler" plus connu sous le
titre : "Les producteurs".

Un Dupontel réalisateur et acteur qui nous
réconcilie avec une *comédie à la française* plus souvent
capable du pire que du meilleur, ignorante qu'elle
est de **Lubitsch, Capra, Wilder** et de sa propre
culture : Musset, Courteline, Labiche, Feydeau,
Guitry...

Et justement... à son sujet...

Voilà que **Guitry** se met en tête de nous conter l'histoire du Château de Versailles. Il y parvient. Il y triomphe. Un Guitry plus caustique que jamais, acerbe, brillant mais toujours juste !

En guise de *finale*... c'est un défilé qu'il nous propose ; et pas n'importe lequel : la descente d'un escalier aux mille marches quatre fois centenaires.

Regardez !

Ils approchent... maintenant... ils arrivent...

Les reconnaissez-vous ?

John Huston, immense dans Chinatown, volant la vedette à tous les protagonistes de l'histoire.

Ben Gazzara est là, faisant face, après le meurtre d'un bookmaker chinois, tenant tête en héros moderne et anonyme, une balle dans le ventre, mais encore debout…

Kaurismäki, toujours aussi bougon, s'est décidé à

les rejoindre...
Et **Gus van Sant** aussi...

Mikhalkov profite d'un rayon de soleil (soleil qui cette fois-ci ne trompera personne) pour rejoindre le cortège...

Kurosawa retenu à Tōkyō, a délégué un *kagemusha* (ombre et double du réalisateur), bannières et étendards au vent : ceux du clan ShingenTakeda... Un **Chéreau** virtuose dans *Ceux qui m'aiment prendront le train*... les précède tous...

Carette, Raymond Bussières... tous les grands rôles parmi les rôles dits secondaires sont de la partie !

Jim Jarmusch a fait le voyage. Il veut nous rassurer : son *Dead Man* est encore vivant... allongé dans sa pirogue, dérivant sans fin sur un texte de William Blake...

Imamura a tenu à défiler avec les petits-petits petits enfants d'Hiroshima et de Nagasaki...

Atom Egoyan est là, accompagnée de Elanie Cassidy alias Felicia…

Et c'est **Altman** qui filme cette descente des marches tout en suivant le cortège ; nul doute, il en rapportera des *"short cuts"* dont on se souviendra longtemps !

Von Stroheim alias Gabbo vient de rejoindre le cortège avec Otto, sa marionnette...

Philip Seymour Hoffman alias Truman Capote *(ou vice versa ?)* est là aussi…

Miou-Miou, Michel Blanc et **Depardieu** méconnaissables dans leurs tenues de soirée...

Bresson soutien une Jeanne d'Arc épuisée par un procès inique...

Le Grand Ziegfeld est là entouré de ses légendaires *Follies* de Broadway…

Jack Lemmon aussi ! Décidément sur tous les coups celui-là !

Et c'est **Bulle Ogier,** *la salamandre...*

Et c'est **Jean-Luc Bideau...**

Et **Eisenstein**...

Mais... ça va trop vite, impossible de leur demander de ralentir le pas... déjà ils s'éloignent, et dans un instant, tout, absolument tout se dissipera pour ne laisser aucune trace. Ils vont maintenant s'évaporer, et une fois qu'ils auront tous rejoint le silence, ils seront courants d'air, vapeur, gouttelettes, bruits indistincts et inaudibles...

Encore quelques secondes et ils auront disparu...

www.ingramcontent.com/pod-product-compliance
Lightning Source LLC
Chambersburg PA
CBHW051250150726
48001CB00019B/2180